诚者物之终始不诚无物故君子诚之为贵是成己而已所以成物也

《中庸》一段 宗瀛仁弟属 卅五年仲春 悲鸿

徐悲鸿赠恽宗瀛书法

2013年10月1日恽宗瀛艺术馆揭馆仪式

做最优秀的人民教师

——徐悲鸿"关门弟子"恽宗瀛从教启示录

陈苏梅 王 楼 曹玉兰 沈晓昕 著

图书在版编目（CIP）数据

做最优秀的人民教师：徐悲鸿"关门弟子"恽宗瀛从教启示录/陈苏梅等著.—北京：北京大学出版社，2013.9
ISBN 978-7-301-23064-0

Ⅰ.①做… Ⅱ.①陈… Ⅲ.①恽宗瀛—生平事迹 Ⅳ.①K825.46

中国版本图书馆 CIP 数据核字（2013）第200501号

书　　　名：	做最优秀的人民教师——徐悲鸿"关门弟子"恽宗瀛从教启示录
著作责任者：	陈苏梅　王　楼　曹玉兰　沈晓昕　著
责 任 编 辑：	陈斌惠
标 准 书 号：	ISBN 978-7-301-23064-0/G·3691
出 版 发 行：	北京大学出版社
地　　　址：	北京市海淀区成府路205号　100871
网　　　址：	http://www.pup.cn　新浪官方微博：@北京大学出版社
电 子 信 箱：	zyjy@pup.cn
电　　　话：	邮购部 62752015　发行部 62750672
	编辑部 62756923　出版部 62754962
印 　刷 　者：	三河市北燕印装有限公司
经 　销 　者：	新华书店
	650毫米×980毫米　16开本　10印张　150千字
	2013年9月第1版　2014年7月第3次印刷
定　　　价：	28.00元

未经许可，不得以任何方式复制或抄袭本书之部分或全部内容。
版权所有，侵权必究
举报电话：010-62752024　电子信箱：fd@pup.pku.edu.cn

序

在今年的中国教师节来临之际，我们非常高兴地看到了记述当代美术大师、特级教师恽宗瀛先生的著作《做最优秀的人民教师——徐悲鸿"关门弟子"恽宗瀛从教启示录》出版，也看到金陵中学为宗瀛先生开辟的永久纪念馆建成。

有幸与宗瀛先生同居六朝古都金陵，我们很早就知道宗瀛先生是徐悲鸿的亲授弟子，徐悲鸿曾赠文给宗瀛先生并称他为"宗瀛仁弟"；宗瀛先生是美术大家，精晓素描、油画、国画，还是当代色粉领域的创始人；宗瀛先生是江苏首位美术特级教师，曾有高校愿用两名教师与他对调，但他却甘愿在中学里勤恳授画；宗瀛先生还是大收藏家，家中所藏书画价值不菲……

宗瀛先生出生于江苏常州，其父恽忏庵当过汪道涵的秘书，留下多年搜集的名家字画在家中。1937年，日本人打到苏州，恽宗瀛跟着家人开始逃难生活，辗转到过南京、武汉、重庆，1944年高中毕业时考取了重庆沙坪坝中央大学艺术系。在那里，宗瀛先生受到了傅抱石、陈之佛、黄显之等画坛名家的指点，也遇到了恩师——徐悲鸿。作为徐悲鸿指导的最后几位学生，宗瀛先生继承了徐悲鸿现实主义绘画流派，一直被徐悲鸿视为得意门生。1952年，宗瀛先生到金陵中学任教，直到退休。1998年，徐悲鸿美术学校在南京开办，在徐悲鸿夫人廖静文的邀请下，宗瀛先生担任了首任校长。据统计，江苏有百余名学生因宗瀛先生走上艺术道路，其中不乏丁兆成、陈世光、朱葵等著名画家。

宗瀛先生正直敦厚，谦虚好学，深受师生爱戴。他曾放弃去高校执教的机会，坚守基础教育阵地，辛勤耕耘数十载。宗瀛先生立足中国传统，兼收西画之长，素描、油画、水彩、国画、粉画，样样精通，尤以粉画著称。

重视绘画基本功是宗瀛先生美术教学的不二法门。他经常组织学生在校内外写生，指导学生学习观察，学习取景，学习构图。他上课时往往先做示范，再做讲解，然后手把手教学生作画。他在黑板上的示范画，无论是人物头像还是动物形态，寥寥数笔，生动传神，学生无不惊叹。

宗瀛先生教育理念的核心思想是人格教育和习惯教育。所谓人格教育，宗瀛认为就是重在做人，用人格教育的方法，进行健全人格的培养。所谓习惯教育，宗瀛认为就是教师个人在教学场所形成的一种相对固定的、相对一致的教育行为方式。宗瀛先生五六十年代就提出的这些教育理念至今仍令人肃然起敬。

非知之艰，行之惟艰。宗瀛先生的成功，得益于先生多年的辛勤跋涉和艰苦奋斗。先生被南京市教育局评为首届十大基础教育家之一，是实至名归，当之无愧。

宗瀛先生为教育事业付出了青春和努力，奉献了汗水和智慧，谱写了华彩乐章，铸就了大师形象，是我们教育工作者学习的榜样。

向宗瀛先生致以崇高的敬意！衷心祝愿宗瀛先生健康长寿，祝宗瀛先生艺术之路长青！

目 录

第一章　衣带渐宽终不悔——坚守平凡 \ 1

　　最优秀的人民教师，需要在平凡中坚守，在热爱中追求。坚守着一份琐碎，一份平常。追求着一份平静，一份简单。

第二章　数点梅花天地心——刻苦钻研 \ 31

　　最优秀的人民教师，其成功固然有其偶然性，但其勤奋刻苦却是其必然。

第三章　万树千枝和根拔——一丝不苟 \ 49

　　最优秀的人民教师，传授学问务求严谨，对教学一丝不苟，对学生严格要求。

第四章　拣尽寒枝不肯栖——创新教法 \ 67

　　最优秀的人民教师，要善于突破传统，勇于探索，大胆革新，创出有个性特色的教学方法。

第五章　蒙师荐拔恩非浅——甘做弟子 \ 94

　　最优秀的人民教师，不仅要为人师，更要为人徒，汲取良师益友的金玉良言。

第六章　东风夜放花千树——情牵桃李 \ 104

　　最优秀的人民教师，强调教师的言传身教，不仅传授本领，更给予激励、唤醒和鼓舞。

附录1　恽宗瀛先生简历 \ 125

附录2　恽南田和常州画派 \ 127

很多人都知道恽宗瀛是徐悲鸿的得意门生，却少有人知道他是江苏省第一位美术特级教师。就是这样一位大家，却坚守三尺讲台。他婉拒高校的邀请，甚至放弃出国留学继续深造的机会，一心扑在他所热爱的基础教育事业上。美术在中学是不被重视的"小儿科"，但恽宗瀛却凭着深厚的艺术功底，长期刻苦钻研，自创了一套美术教学法，赢得学生的喜欢。先生在1984年成为江苏省首位专家级中学美术特级老师，先生还是中国美术家协会中少有的中学美术教师之一。

恽宗瀛作品：绣球（水彩）

第一章
衣带渐宽终不悔——坚守平凡

  时代的发展使人们的价值观日趋多元，利益诉求更加多样。物质的满足并不意味着心灵的富足，欲望的渴求不能代替精神的追求。在矛盾凸显期、社会转型期，市井喧嚣的浮躁，身为物役的迷惘，人心不古的惶恐，声色犬马的诱惑……无时无刻不在考验着人们的选择。

  有机会到高校任教，也有机会出国深造，但恽宗瀛老师却选择一辈子工作在中学的三尺讲台，在平凡中坚守，在热爱中追求。坚守着一份琐碎，一份平常；追求着一份平静，一份简单。

恽宗瀛作品：百合、橘子（水彩）

恽宗瀛作品：葡萄、向日葵（水彩）

  在金陵中学，从校长到学生，见到恽宗瀛都会恭恭敬敬地喊一声"恽老师好"。

  1947年，恽宗瀛毕业于中央大学艺术系，先到一所小学任教，1952年调至金陵中学，之后一直扎根金陵中学，终身守候。金陵中学成了恽宗瀛的第二个家，恽宗瀛一直在这辛勤耕耘，默默奉献，直到退休。

恽宗瀛作品：瓜叶菊（水彩）

恽宗瀛到金陵中学工作后，很多高校都曾想请他去任教。20世纪50年代中期，享有"中国水彩画之父"美誉的东南大学李剑晨教授就曾邀请他，甚至还提出用两名大学老师交换，被他婉拒了。他说"盖房子先

恽宗瀛作品：菊花（水彩）

做最优秀的人民教师——徐悲鸿"关门弟子"恽宗瀛从教启示录

恽宗瀛作品：春雨（水彩）

恽宗瀛作品：泊（水彩）

要打地基，中学老师就是为学生们打地基，我愿意与中学生在一起，看到他们成长了，我就高兴。"

恽宗瀛用诗意的语言回忆道："校园里有条青砖道。在金中（金陵中学）的这几十年，我的双脚不可救药地喜欢上了它。从此，每天三点一线的生活。便都以青砖道连接。青砖道成了移动的'沙龙'……校园的上空星星点点，一串脚步那般轻盈。一日日，一次次，我们就这样从青砖道走过。"

恽宗瀛作品：苏南石桥（水彩）

恽老师1983年加入中国美术家协会，是中国美术家协会中少有的中学美术教师之一，至今仍是江苏省水彩画学会名誉会长。1984年，恽老师成为江苏省第一个中学美术特级教师。他用一生的教书生涯践行着恩师徐悲鸿的主张：美术创作只居第二，美术教育才是第一。

第一章 衣带渐宽终不悔——坚守平凡 | 9

恽宗瀛作品：城南小街（水彩）

恽宗瀛作品：水榭（水彩）

有一次，一个学生在场协助准备资料，以为先生会把学术著作和诗书画集都拿出来以供拍摄。见先生坚持只摆学术著作和论文集，大为不解，恽宗瀛说："我首先是金陵中学美术老师，绘画作品和收藏是第二位的。"

把简单的事做好就是不简单，把平常的事做实就是不平常。恽宗瀛除了忠实地继承了徐悲鸿"师法造化"的现实主义理论，很重实践，很

第一章 衣带渐宽终不悔——坚守平凡 | 11

恽宗瀛作品：庐山会堂（水彩）

恽宗瀛作品：虞山（水彩）

恽宗瀛作品：明孝陵（水彩）

重基本功训练外，他更继承了老师对教育的执着。三十五年中，他把整个身心都扑在中学美术教学事业上，形成了"讲清要求，引导观察，当场示范，巡视辅导"的一套美术教学法。为了上好每堂课，他总是认真备课、找资料、写笔记、作范画，做到了仔细琢磨，一丝不苟。加上他很高超的绘画水平，使学生对美术教学产生了浓厚兴趣，培养了一批又一批美术高材生，为美术教育事业做了宝贵的奠基工作。他的一个学生

恽宗瀛作品：湘西凤凰小街（水彩）

曾说："当年是金中的美术课激发了我对美术的兴趣，是恽老师的谆谆教诲，悉心指导，培养了我的绘画能力，引领我走上了美术工作之路，使我也把终生献给了美术事业。"

1956年至1959年在金陵中学读高中的高级建筑师张思浩回忆说："美术老师恽宗瀛当时就是知名画家。高中虽然没有美术课，但我

第一章 衣带渐宽终不悔——坚守平凡 | 15

恽宗瀛作品：湘西凤凰小街（水彩）

恽宗瀛作品：苏州林园（水彩）

曾参加恽先生组织的课外美术兴趣小组,画过石膏头像。我的绘画功底就是这样打下的。待到考入清华建筑系后,中学的美术基础成为我学好建筑专业,以至参加工作后搞好建筑设计的'看家本领'。"

罗曼·罗兰在《米开朗基罗传》的结尾写道:"伟大的心魂有如崇山峻岭,风雨吹荡它,云翳包围它,但人们在那里呼吸时,比别处更自由更有力……我不是说普通的人都能在高峰上生存,但一年一度他们应上去顶礼膜拜。在那里他们可以变换一下肺中的呼吸与脉管中的血液。在那里他们将感到更迫近永恒。以后,他们再回到人生的广原,心中便充满了日常战斗的勇气。"

当大家提到他是徐悲鸿弟子,在大家心目中有着很高的地位,但为什么在一直在金陵中学当美术老师,而不到美术学院任教,或者到国外去深造的时候,恽宗瀛老师回答说:"我也是想为国家培养人才,给学生在美术方面创造机会,为社会所利用。在金陵中学教书是因为当时调整,出于对中学的基础教育的兴趣,

恽宗瀛作品：水乡（水彩）

也就希望留在中学教书，正好分配到了金陵中学。由于当时美术并不受大家的重视，所以很少有学校有专门的美术教室，很幸运金陵中学有。我和学生在一起就会感到很快乐，我很关心学生，学生们也都非常喜欢我，再加上学校也需要我，所以外校来调，高校来调，我都没有去，下

第一章　衣带渐宽终不悔——坚守平凡　19

恽宗瀛作品：苏州水乡（水彩）

半辈子大部分时间就在金中教书。"

恽宗瀛老师和很多名师有着同样的追求，他们有在高峰上生存的勇气，他们追求成就感。他们认为一个人的意义不在于他的成就，而在于他所追求成就的那个东西。"那个东西"是什么？是人格？是品质？是心智？可能都是。有人说，生命是一支队伍。迟慢的人发现队伍走得

恽宗瀛作品：山村（水彩）

太快了，他就走出队伍；快步的人发现队伍走得太慢了，他也走出了队伍。名师常常要走出队伍，因为他们发现队伍走得过于缓慢，要走得快一点，才能发现更美的风景。他们相信自己，相信自己的理想，不放弃追求；相信自己的实力，不抛弃自己的奋斗；相信自己的个性，不轻易改变。但他们又不自恋，不沉溺于自我欣赏中，不自我捆绑，不故步自封，常常有不适感和被追逐感，因而总是鼓足干劲，一直向前走去。

恽宗瀛作品：赣北轧桥（水彩）

自信，坚持了自我，不自恋，又抛却了"小我"。自信，他们不是一味地羡慕别人、仰望别人、崇拜别人；不自恋，又总是向别人学习，总是超越自己。

用恽宗瀛自己的话说，其实，当时他也有过思想斗争，那时各类活动也多，他画画基础那么好，到任何地方工作都很容易。1962年前后，

恽宗瀛作品：小太湖（水彩）

正值院系调整,他的一个老师当时的江苏省美术家会主席李建成对恽宗瀛的评价很高,他对恽宗瀛说:"跟我去大学教书吧,你在金陵太屈才了。"但是由于学校领导竭力挽留,加上恽宗瀛对金陵中学的深深留恋,最后竟拂了老师的好意,依旧留在金陵中学。恽宗瀛说:"当时大家生活都很简朴,没有什么富人,大家的收入也都差不多,所以没有什么想头,并且当时总理说过国家干部都是人民的公仆,应该全心全意为人民服务,奉献才真正有价值。虽然当时也有人找各种方法去高一级的学校,但是我认为在大学里人与人之间的关系太复杂,人与自然截然不同,我觉得这些都不好,又因为我喜欢自然,喜欢心灵与自然的接触,所以就一直没有到大学教书,或到国外去深造。"

恽宗瀛作品：三峡灯塔（水彩）

恽宗瀛作品：苏州网师园（水彩）

恽宗瀛深知，教学不是外在于生活的他物，而是深植于其人生的、重要的生命内容。教师的幸福不是不可及的抽象物，也不是坐等而来的天降之物，而是教师个人对自己教学工作付出的努力及在此过程中的感受。他说："有很多人老是抬头看高处，希望从那里得到幸福。其实幸福就在身边，低头就能找到。""学会低头，看看支撑自己的土地，心存感念，于感念之中体会幸福，于幸福中谋得力量，用这份幸福的力量

恽宗瀛作品：渔村（水彩）

支撑起高贵的头颅、深邃的视界、踏实的劳作，如此不断往复，幸福，便常驻人心。"

教育者先须有健全的人格，而且对于教育，须有坚贞的信仰，如宗

恽宗瀛作品：工地（水彩）

教信徒一般。他的人生的理想，不用说，也应超乎功利以上。所谓超乎功利以上，就是说，不但要做一个能干的、有用的人，并且要做一个正直的、坦白的、敢作敢为的人！——教育者有了这样的信仰，有了这样

恽宗瀛作品：山寨（水彩）

的人格，自然便能够潜移默化，"如时雨化之"了。

恽宗瀛在这片教育的泥土上孜孜不倦地播种爱和美，从二十岁的青春年华，到六十岁的苍颜光景，他的鹤发银丝映着日月，丹心热血沃出新花。

恽老师潜心中学美术教育几十年，无私关怀学生的成长，真正体现了陶行知先生"捧着一颗心来，不带半根草去"的教育品格，是一个完整的、真正的、纯粹的教育家。

第一章 衣带渐宽终不悔——坚守平凡 | 29

恽宗瀛作品：苏南农妇（水彩）

做最优秀的人民教师——徐悲鸿"关门弟子"恽宗瀛从教启示录

恽宗瀛作品:苏州铁岭关(水彩)

恽宗瀛作品：苏南小景（水彩）

第二章
数点梅花天地心——刻苦钻研

有人问寺院里的大师："为什么念佛时要敲木鱼？"大师说："名为敲鱼，实为敲人。""为什么不敲鸡呀，羊呀？偏偏敲鱼呢？"大师笑着说："鱼儿是世间最勤快的动物，整日睁着眼，四处游动。这么至勤的鱼儿也要时时敲打，何况懒惰的人呢！"大凡有作为的人，无一不与勤奋有着难解难分的缘分。

勤奋能塑造伟人，也能创造一个最好的自己。我们从古今中外的伟人身上，都可以找到某些成功的偶然性。凡是能创造最好的自己的人，他们的努力虽然各有不同，但他们勤而不怠却是相同的。

1921年,恽宗瀛出生在常州市青果巷90号(现68号),作为常州画派开山祖师恽南田(1633-1690)先生的后人,出生于书画世家的恽宗瀛,曾祖、祖父、父亲皆善书画。恽宗瀛先生从小耳濡目染,对书画产生了浓厚的兴趣。逢祖父或父亲挥毫泼墨时,他便趴在书桌上,目不转睛地观看。还常常拿起画笔,在纸上涂涂画画。见恽宗瀛如此喜爱书画,祖父遂有心开始教导起来。祖辈谨遵家训,在书画指导上极其严格,但凡过错皆戒尺或加罚。但即便责罚和手臂练得酸痛,恽宗瀛咬牙含泪也不喊苦,更不言放弃。年幼时打下的扎实基础,为恽宗瀛先生日后在书画艺术上取得耀眼的成就奠定了坚实的基础。

传说,恽宗瀛刚满周岁,家里人就常拿一些图画片哄他玩,逗他开心。待恽宗瀛到了会走路、说话的时候,恽宗瀛的祖父就画画给他看。

第二章 数点梅花天地心——刻苦钻研 | 33

恽宗瀛作品：栖霞寺（水彩）

恽宗瀛作品：周庄渔村（水彩）

有一天，恽宗瀛拿起笔画了一只白鹅。可仔细一看，画得却像一只鸭，于是恽宗瀛又要祖父画，祖父不画，他就哭个不停。祖父见状，就给他讲了诸暨放牛娃王冕学画的故事。

元朝著名画家王冕小时候给人放牛。一个夏天的傍晚，王冕在湖边放牛。大雨后，阳光照得满湖通红，湖里的荷花开得更鲜艳了。雨后荷

第二章　数点梅花天地心——刻苦钻研　35

恽宗瀛作品：大学士（水彩）

做最优秀的人民教师——徐悲鸿"关门弟子"恽宗瀛从教启示录

恽宗瀛作品：黄河壶口（水彩）

第二章 数点梅花天地心——刻苦钻研

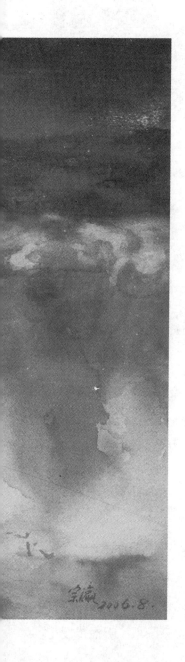

花娇艳的样子吸引了小王冕，激发了王冕画荷花的强烈愿望。王冕心想，要是能把这美丽的荷花画下来多好啊！为实现这一愿望，王冕用平时节省下来的钱买了画笔和颜料，又找来纸，照着湖里的荷花画起来。开始画得不像，可是他不灰心，天天画。后来，他画的荷花，就像刚从湖里采来的一样。

祖父讲的这个故事表达了，无论做什么事情都要下苦功夫才能获得成功的道理。恽宗瀛眯着眼睛凝思着。突然他抹掉腮边的泪水对祖父说："我要跟他一样学画。"

后来恽宗瀛他一点点长大了，在私塾学堂里读书时，不但遵守规矩，而且非常用功，先生因此常常夸奖他。恽宗瀛每天放学后，晴天，他会蹲在室外，边看边画竹水石；雨天，他会在窗内摹临古人的画作。

恽宗瀛作品：江南农舍（水彩）

　　他念过育智小学、私立常州中学和正衡中学，这期间不仅扎实了绘画的基本功，也打下了厚实的古典文化底蕴。

　　不成功的人，各有各的原因，成功的人则都有相似的故事传奇。天资聪颖的恽宗瀛当然也不例外。虽然爱好诗文爱艺术的父亲恽忻庵没能悉心栽培恽宗瀛，但是偶尔的指点熏陶，已经点燃了早慧的恽宗瀛的艺术之光，只要父亲在家，恽宗瀛就绕于父亲膝下，听他传授花

第二章 数点梅花天地心——刻苦钻研 | 39

恽宗瀛作品：屯溪小街（水彩）

恽宗瀛作品：成都索桥（水彩）

鸟鱼虫、山水人物的各种画法，讲述古人的奇闻轶事，诵读《百家姓》、《千字文》、唐诗宋词……憧憬着似幻如烟的艺术王国的玄妙。父亲不在家时就自个儿在纸上进行各种各样的素描练习。做过汪道涵秘书的恽忏庵，虽然常年在外地工作，却留下许多多年搜集的名家字画在家中供恽宗瀛临摹。在临摹中恽宗瀛渐渐养成了敏锐的观察力和背临默写的能力，技艺日趋娴熟，小小年纪就掌握了写真画技巧。

第二章 数点梅花天地心——刻苦钻研 | 41

恽宗瀛作品：苏州虎丘（水彩）

　　传说恽宗瀛少时学习画人像，十来岁时，一次家中来客，父亲不在家，客人坐了片刻就告辞了。父亲回来问是谁来，宗瀛答不上姓名，便拿起纸来，把来访者画出，父亲看了，便知是谁了。恽宗瀛有了这次经历，再加上父亲的鼓励，从此习画更勤。有同学不知如何得知此事，

做最优秀的人民教师——徐悲鸿"关门弟子"恽宗瀛从教启示录

恽宗瀛作品：金中校景（水彩）

第二章 数点梅花天地心——刻苦钻研

到学校里一宣传，同学们便在课间也都来请恽宗瀛画画。最先画的是星斗塘常见到的一位钓鱼老头，画了多少遍，无人知晓，总之，恽宗瀛把他面貌身形，都画得很像。接着又画了花卉、草木、飞禽、走兽、虫鱼等，凡是眼睛里看见过的东西，都把它们画了出来。尤其是牛、马、猪、羊、鸡、鸭、鱼、虾、螃蟹、青蛙、麻雀、喜鹊、蝴蝶、蜻蜓这一类眼前常见的东西，他最爱画，画得也最多。

然而，"天有不测风云"，整日习画的学生时代在猝不及防中中断。1937年卢沟桥事变，日本侵略者的铁蹄践踏了祖国的大好河山。正如历经此难的一位著名画家诗中所述："三八冬日拂晓天，一声巨响震心寒。闪光四射飞弹片，乌烟一团爆铁丸。蔡家园里树削半，窦氏门中人嚎惨。如此'东亚共荣圈'，

恽宗瀛作品：莫愁湖（水彩）

第二章 数点梅花天地心——刻苦钻研

恽宗瀛作品：苏州双桥（水彩）

那知狄城尽齐田！"日本人打到苏州，恽宗瀛跟着家人开始逃难生活，辗转到过南京、武汉、重庆，他们一家饱尝了亡国的悲哀，也激发了恽宗瀛强烈的反抗意识和爱国热忱，这些都体现在他日后的画作之中。

1944年高中毕业的恽宗瀛考取心仪已久的重庆沙坪坝中央大学艺术系。在那里，他不仅受到了傅抱石、陈之佛、黄显之等画坛名家的指点，也遇到了恩师——徐悲鸿。才自内发，学以外成，有名家的教诲点拨，加之他用心思索，心领神会，渐入举一反三、触类旁通的境界。

恽宗瀛作品：普陀（水彩）

第二章　数点梅花天地心——刻苦钻研 | 47

恽宗瀛作品：菊花（水彩）

　　恽宗瀛通读了《板桥集》后，把郑板桥的题竹诗"咬定青山不放松，立根原在破岩中，千磨万击还坚劲，任尔东西南北风"作为自己做人、学习书画的座右铭。他不仅揣摩出板桥书法的奥妙和"燮以书之关钮入画"的真谛，更重要的是学到了郑板桥关切现实，同情人民，忧世嫉俗的思想境界，真可谓受用终生，一直到他晚年的画作和题诗中，仍可窥见一斑。板桥笔下的劲竹精神激励着他，在他所钟情的中国传统绘画艺术道路上义无反顾地走来，成就为一个有节有志的画人。

恽宗瀛作品：花卉（水彩）

艰难困苦，玉汝于成。腥风血雨的年代，苦寒磨砺的环境，聪明绝伦的才思，向往艺术的追求，以及良好的家教，乐观善良的性格，丰富的阅历，广博的知识，还有夜以继日的苦练，使他能够超然对待人世间的荣辱冷暖，不仅成就了绘画的高超功夫，而且始终保持着一颗纯净而又深邃的赤子之心。

恽宗瀛作品：山村教堂（水彩）

第三章
万树千枝和根拔——一丝不苟

叶圣陶先生说：教师当然须教，而尤宜致力于"导"。导者，多方设法，使学生能逐渐自求得之，卒底于不待教师教授之谓也。

纵观恽宗瀛的画作，从内容到形式，从题材到技法，从风格到意境，都体现出作者在追求着一个"个性"，在"守住中国画传统的底线"的前提下，艰苦躬行，探索创新，"源于现实，高于现实"，创造一个新时代的"我"，那正是他的恩师徐悲鸿所提倡的，一脉相承，一笔不差，可谓是真实写照。

恽宗瀛作品：静物——百合（水彩）

第三章 万树千枝和根拔——一丝不苟

恽宗瀛作品：延安宝塔（色粉）

作为徐悲鸿指导的最后几位学生，继承了老师现实主义绘画流派的恽宗瀛一直被其视为得意门生，久而久之便被公认为徐悲鸿的关门弟子。恽宗瀛在回忆录中，回顾了徐悲鸿的教诲和勖勉对其艺术创作的深远影响："得受教于悲鸿先生，于西法写生与艺术理论，面聆教导，获益颇多……此后之创构，在倾向于岭南画派之基础上，更强调师法自然，强调笔墨之传统功力，强调描绘对象之结构，强调简练概括，进一

做最优秀的人民教师——徐悲鸿"关门弟子"恽宗瀛从教启示录

恽宗瀛作品：三峡（色粉）

第三章 万树千枝和根拔——一丝不苟 | 53

恽宗瀛作品：香港黄金海岸（色粉）

步追求自己的艺术道路。此为予画风之一大转变也。至大学毕业，惟有师法自然，潜心绘事。正如悲鸿先生所云：田野牛马，篱外鸡犬，皆吾之习师也。予经常饲养笼鸟，以作观察写生之师，曾先后饲养孔雀、蜡嘴、八哥、鸽子、白鹭等。其时多画工笔孔雀，每小时画尾翎四片，画毕与真翎共贴于壁上，直至远看颇为近似方才罢休。此时之作所追求者为形神兼备、气韵生动，以求工而不板，艳而不俗，力求摆脱前人窠臼……"恽宗瀛的成功是与徐悲鸿的直接指引和教导分不开的。

恽宗瀛作品：皖南居民（色粉）

第三章 万树千枝和根拔——一丝不苟

"尽精微，致广大"，恽宗瀛一直以来都把徐悲鸿大师的这句话作为自己艺术上的追求目标。善问好学，达到宽广博大的宏观境界，同时又深入到精细详尽的微观之处，这是一种极高明的和谐。他更强调作品中的物象与其生存空间的密切联系。从他笔下的奔马、苍鹰、野雉，乃至家禽，开始在自然中相融相依，开始与山水共生共荣，成为与现代人的感情生活和审美体验更密切的对象。他以现代人的眼光和心灵去感受生活，在自然中直接捕捉"画外之意"与"意外之妙"，创造出异彩纷呈又洋溢着内在美的动人意境。在他的作品中不仅展现了其娴熟的笔墨技法与技巧、物象的形态与生趣，我们还可以看到这位年过九旬的画家展观的笔墨意趣和人格魅力。尤其是1956年，油画《郊游》获得江苏省青年美展一等奖，并被推荐为世界青年联欢作品展。画中以热情明亮的光色，描绘一群活泼可爱的少年儿童在老师

恽宗瀛作品：海带姑娘（色粉）

的带领下靠着老式敞篷马车，奔驰在春光明媚的宽广湖滨大道上。这幅画有着鲜明的时代特征和生活气息，更重要的是富有深刻的精神含义。画家着意在画中借人物传达自己美好的社会理想。画中的马车夫就是自己精神的理想形象，他驾着马车，带领祖国未来的建设者和希望，在祖国的阳光大道上奔向未来幸福的远方。这正是那个时代人民教师共同的社会理想最形象的表述，充满着积极向上的时代精神。

第三章　万树千枝和根拔——一丝不苟

恽宗瀛作品：黄山飞来石（色粉）

　　评价一个人的艺术水平，第一层面要看其是否有传统经典的血液，因为中国传统艺术的审美标准都是根据这些经典建立起来的，不是从经典里出来的东西自然不会打动我们，这个层面主要是要求艺术家继承技法和根据自己的审美偏好习得到经典的神髓。第二层面是要从传统中走出来，形成艺术家的个人面貌，这个层面要求艺术家要有创新精神，要突出审美理想的某一点，更重要的是要把个体生命的体验和感

做最优秀的人民教师——徐悲鸿"关门弟子"恽宗瀛从教启示录

恽宗瀛作品：新街口早晨（色粉）

第三章 万树千枝和根拔——一丝不苟

悟凝聚到笔端，形成个性化的艺术语言；同时，还要达到艺术家与艺术作品的相融相通，使艺术作品成为艺术家某一时刻的生命记录、成为艺术家人生修养和境界的一个侧面。第三层面是作品所反映出的艺术家的学问修养、人生境界格调要高。也就是在第一步深入传统、第二步形成个人风格的基础上，看这种个人风格是否是一种高格调。深入传统得其精髓很难做到，形成个人风格也很难做到。但这两个层次毕竟可以探索和追求，通过一生的努力可以实现，但第三层面作品所反映出的人生境界，不是仅仅通过苦练、深入研究和探索就可以实现的，而是要靠画画以外的东西，它主要得益于读书和对生命的感悟，得益于人生境界的不断提升。不仅刻意而为，而在无意于佳、"随心所欲而不逾矩"，所以这个层面所反映出来的气息往

恽宗瀛作品：外秦淮河（色粉）

往都是一种绚烂至极复归平淡的一种冲淡之美，腹有诗书气自华的书卷气和悠游不迫、心游万仞的虚静之境。郭思《画论》中讲："如其气韵，必在生知，固不可以巧密得，复不可以岁月到。默契神会，不知然而然也……人品既已高矣，气韵不得不高；气韵既以高矣，生动不得不至……系乎得自天机，出乎灵府也。"郭思也说，气韵和格调这样的东西是天生的，不是花上时间、巧密就可以得到。当然这种无意识也不是

第三章 万树千枝和根拔——一丝不苟 61

恽宗瀛作品：佛光（色粉）

恽宗瀛作品：戴藏饰的教师（色粉）

完全不可捉摸，它与所谓"人品"有关，即与创作者的整个人生境界有关。无疑，作为徐悲鸿的关门弟子，他与老师的画风人品一脉相承。

他有"师古而不泥古，师心而不师迹，师法自然而超越自然"的学习态度和方法。他学古有"准、狠、敢"的三字真言，即找准门径，狠下苦功，敢于超越古人。要进得去，跳得出，写出自家的笔墨。恽宗

恽宗瀛作品：春光（色粉）

瀛善用笔。他真草隶篆，无所不精，枯润相宜，老辣凝重，作画时每一笔，都笔中有景，绝不妄下。观其画马，可从画面的每一细节中，见其书法笔意。恽宗瀛画兰跳出芥子园兰谱"丁头鼠尾，螳螂肚，手如擎电，笔如飞"的藩篱，以篆隶的笔意入画，慢笔写兰。他说传统的"四君子"题材作品最能显现画家的笔力功夫，半生竹，一生兰，我是60以后才敢画兰的。他有一首题兰诗："余过花甲始学兰，龙士摔毫百岁仙。赠君莫嫌草几笔，删繁就简实更难。"由衷道出骨法用笔之重要、

恽宗瀛作品：哭娃（色粉）

创新之艰难。恽宗瀛承袭传统，又以造化为师，重视写生，又再造自然。构图取材、笔墨、敷彩都追求一个"新"字，他笔下的山山水水无一不是真实的山水，花鸟鱼虫无不是他所见的但又是自然界中所找不到的，超脱自然的艺术形象。纵观恽宗瀛的画作，从内容到形式，从题材到技法，从风格到意境，都体现出作者在追求着一个"个性"，在"守

第三章　万树千枝和根拔——一丝不苟　65

恽宗瀛作品：周庄河畔（色粉）

住中国画传统的底线"的前提下，艰苦躬行，探索创新，"源于现实，高于现实"，创造一个新时代的"我"，那正是他的恩师徐悲鸿所提倡的，一脉相承，一笔不差，可谓是真实写照。

1978年，恽宗瀛和黄养辉、卢鸿基等老色粉作者为挽救濒于灭绝的

恽宗瀛作品：静物（色粉）

粉画，先后在南京艺术学院、广州美院、鲁迅纪念馆、中国美术馆等地举办粉画巡展，引起强烈反响。

　　1998年，徐悲鸿美术学校在南京开办，在徐悲鸿夫人廖静文的邀请下，只是一名中学退休美术老师的恽宗瀛担任了首任校长。

恽宗瀛作品：圈养（色粉）

第四章
拣尽寒枝不肯栖——创新教法

泰戈尔的一句话道出了教育的纯美境界："不是铁器的敲打，而是水的载歌载舞使粗糙的石块变成了美丽的鹅卵石。"

一个有品位的教师，应该有自己的教学风格。恽宗瀛先生教育理念的核心思想便是人格教育，用人格教育的方法，进行健全人格的培养。所谓"健全的人格"，在恽宗瀛看来，就是"为画"与"做人"应并重，如人的两足应一样长。

恽宗瀛作品：教师（色粉）

恽宗瀛自一九五二年调南京市第十中学后，一直扎根金陵，用自己的教育热情，燃烧着金陵美术教育的园地。他怎么都不会忘记自己是艺术大师徐悲鸿的学生，要把老师对教育的钟爱，在自己的身上如圣火般虔诚地传递。他忠实地继承着徐先生"师法造化"的现实主义理论，把实践放在教学的第一位，对学生的基本功训练一丝一毫都不放松，寒来暑往，带领着学生从教室到画室，一笔一画，一根线条，一个灰白明暗

恽宗瀛作品：思考（色粉）

的过渡，他都不放过。三十五年来，他把金陵当做自己的家，把整个身心都扑在中学美术教学事业上，实践上升为理论，形成了"讲清要求，引导观察，当场示范，巡视辅导"的一套独特的美术教学法。为了上好每堂课，他总是认真备课、找资料、写笔记、作范画，做到了仔细琢磨一丝不苟，他构图迅速准确，视学生为自己的孩子一般，使学生对美术教学产生了浓厚兴趣，他的美术课堂成了学生时时企盼的艺术天堂。高

恽宗瀛作品：戏水（色粉）

行健先生在诺贝尔文学奖获奖感言中说："恽宗瀛是我绘画的老师，在他教导下打下的基础，我受用终生。"

恽老师说："当时并没有具体大纲，全凭我在大学时的基础，经过一番研究后，我把大学的美术资料转化为了适应中学的教学资料，也参考各种社会上的美术资料，在不断地尝试，最后形成了一套有条理的教学方法，教学方面有了一定规范。我平时上课也经

第四章 拣尽寒枝不肯栖——创新教法 | 71

恽宗瀛作品：江边（色粉）

常向学生示范各个画种，引起了学生的兴趣，并在课外对有兴趣的学生进行辅导。所以当时有不少学生迷上了画画，其中有几个学生很用功，周末都来画，非常的痴迷，还有位学生，一心学画，每天下午一个人来我办公室，后来当上了某高校的系主任。在我看来要学好美术首先要学好素描，这也是徐悲鸿曾经强调过的，因为素描能让学生真正的模仿自然，让学生追求真、善、美，这才是绘画的灵魂。"

在课外，他通过"组织参观、举办讲座、外出写生、鼓励创作、举办画展"等各种渠道，开展丰富多彩的课外美术活动。他常跟学生一道作画，并亲自为学生改画，画笔颜料也供学生使用。在带领学生外出写生时，他为学生付车费、饭资和洗澡钱，简直就是家长式的老师。如此付出，学生岂有不感动，不爱戴他的道理？其乐融融的师生感情，如一个温暖的大家庭。

恽宗瀛先生教育理念的核心思想便是人格教育，用人格教育的方法，进行健全人格的培养。所谓"健全的人格"，在恽宗瀛看来，就是"为画"与"做人"应并重，如人的两足应一样长。他五六十年代就提出的教育理念至今仍令人肃然起敬。

培养学生健全的人格，教育者首先应严于律己，树立健全人格的标杆，用言传身教的方式，潜移默化着青年的心灵。恽宗瀛在自己的教学生涯中便是如此，成为学生们的生活导师和道德教员，激励学生们塑造良好的品行。

他常常对学生说："做人一定要正派，学美术，既要重画品，又要重人品。"他的话，如春风，如雨露，吹入学生的心田深处，许多学生至今仍津津乐道恽老师当年的深刻教诲，让他们终生受益。

人格教育是恽宗瀛教育理念中最为重要的部分，尤其体现在对学生道德品质的培养上。明代刘宗周所著《人谱》，书中列举古来许多贤人的嘉言懿行，凡数百条。《人谱》中有一节选自《唐书·裴行俭传》的论述："士之致远者，当先器识而后文艺"，无疑是从艺者的警世嘉言。这段话常常被恽宗瀛用来教育学生，即要成为一个有高远抱负的文艺家，首先应当培育器量与见识——即个人内在的品德涵养、精神境界，倘没有"器识"，无论技艺多么精通，也不足以称道。可见，恽宗

恽宗瀛作品：回忆（色粉）

瀛将"艺德"的养成作为学习艺术的先决条件，置于首要地位。

恽宗瀛对学生道德品质的培养主要通过"身教"的感化方式完成。凡受过他的教诲的人，即使是平时十分顽皮的，一见了他，或一入了他的教室，都自然而然地会恭敬起来。这难道不是艺术教育中，身教胜于

恽宗瀛作品：校景（色粉）

第四章　拣尽寒枝不肯栖——创新教法

恽宗瀛作品：栖霞晨雾（色粉）

言传的典范么？在金陵中学的学生们看来，恽宗瀛从不骂人，向来只是温和亲切地开导，可相比被骂一顿，反倒更加令人难受。

　　恽宗瀛"身教"的感化力量来自于精湛的学问和高尚的人格。他的学生说，恽老师的人格和学问，牵制了我们的感情，折服了我们的心。他从来不骂人，更不要说打人，态度和蔼，然而个个学生真心地怕他，真心地学习他，真心地崇拜他。他当教师不为名利，为当教师而当

做最优秀的人民教师——徐悲鸿"关门弟子"恽宗瀛从教启示录

恽宗瀛作品：老街（色粉）

恽宗瀛作品：石象（色粉）

教师，用全副精力去当教师。傅彬然也曾说道："'为政不在多言'，教育之道亦不在多言。教育过程中最主要的条件，应该是教育者本身的学问与人格，学问深湛，人格高尚，学生自然会信从，自然会跟着好起来。"可见，不善言辞的恽宗瀛老师，每每以举手投足间的人格魅力与人师风范，潜移默化地感染着每一个学生的心灵。

恽宗瀛作品：江边（色粉）

恽宗瀛"身教"的感化力量亦源于对学生的真诚和尊重。他在课上讲授理论时通常是结合实际的案例进行说明，很生动。并且，他和同学们在课堂上互动很多，经常询问学生们的想法，这些互动能够让学生们更好地理解所要学习的理论知识。他的学生说，恽老师并不把我们看成学生，而是当作同事对待，在绘画上要求很严格，并且很乐于和我们讨论问题，认真倾听我们的思路。

恽宗瀛作品：天台山小景（色粉）

正是恽宗瀛人格教育的理念使得接近他的学生都有一种无法自抑的感应，似乎想要澄澈整个心灵，不染尘埃。

严格要求自己，是恽宗瀛一以贯之的品质。他批改作业非常仔细，连一个线条也不放过，看到精彩的画作，他一定会在第二天的课堂上展出表扬，或针对画作欠缺的地方，进行指点。有一天，恽宗瀛生病了，

恽宗瀛作品：浦江夜景（色粉）

拉肚子，但他还是按照以往的工作习惯，连夜批改作业。妻子劝他休息，他不肯，说是"我已答应明天发给学生作业"。天亮后，恽宗瀛脸色蜡黄，但他照样提起书包，拿起批改完的作业奔向了教室。

三十多年来，他辛勤洒下的汗水，已经有了丰厚的回报。全国各地，大江南北，甚至国外，哪里没有他的学生？很多在学校任教，继承

第四章 拣尽寒枝不肯栖——创新教法 | 81

恽宗瀛作品：居民（色粉）

恽宗瀛作品：上海（色粉）

老师志愿的学生们，早已经成了学校的美术骨干。1982年，他所带的艺术班，有五幅学生习作参加了江苏省少儿画展。近几年来，由他指导的不少学生的美术创作，分别被送往日本、加拿大和美国展出。

恽宗瀛后来回忆说，学生们之所以在绘画上有所成，多半还是因为自身的努力，与美术教员关系不大。这样的言说是恽宗瀛笃实谦逊的一

第四章 拣尽寒枝不肯栖——创新教法 | 83

恽宗瀛作品：风景（色粉）

则注脚。泰戈尔的一句话道出了教育的纯美境界："不是铁器的敲打，而是水的载歌载舞使粗糙的石块变成了美丽的鹅卵石。"相信正是有了这样的老师，才能助力学生健全人格的形成。

胡适之先生在《我的歧路》里说："哲学是我的职业，文学是我的娱乐"。恽宗瀛套着他的调子说："教学是我的职业，绘画是我的娱

恽宗瀛作品：钢笔速写（速写）

第四章 拣尽寒枝不肯栖——创新教法 | 85

恽宗瀛作品：水墨速写（速写）

乐。这便是我现在走着的路。以教育为职业，可以逃避风险；以文学为娱乐，可以此做些自己爱做的事业，不白活了一生。"

绘画是恽宗瀛无法割舍的情缘。在几十载的教师岁月中，恽宗瀛也曾为国学教育和文学情怀之间的矛盾关系感到彷徨，但最终，他通过在教学之余进行绘画创作，在教学中指导学生绘画创作，创办美术社团，

恽宗瀛作品：水墨速写（速写）

将教师的职责与绘画的爱好完美地相融，将一个辛勤耕耘的教学场所，改良成既育人又塑己的人生花园。

恽宗瀛有着深厚的美术基本功，无论是油画、水彩画、粉画还是国画，都在他的笔下熠熠生辉。尤其擅长的是油画和粉画。多年的教学，使恽宗瀛积累了丰富的色粉画绘画经验，也有了自己对色粉画作品的独特见解。当年拉图尔为许多贵妇画肖像，在绘画过程中他就发

第四章　拣尽寒枝不肯栖——创新教法 | 87

恽宗瀛作品：炭条速写（速写）

现了问题，色粉容易被抹掉。为了解决这个问题，拉图尔和当时一位化学家研制了一种定型剂，可以使图画多年不变色。但是，这个定型剂的制作方法没有流传下来。现在色粉画创作可以使用定型液，但是缺点会使画面显得僵硬呆板。因此，为了增强画面的质感，恽宗瀛建议学生尽量不用定型液。

恽宗瀛作品：炭条速写（速写）

　　尽管恽宗瀛的美术造诣如此之高，他仍十分重视进修提高。他对自己出色的素描基本功从没有满足过，他不仅每天都练习速写，真正"是曲不离口拳不离手"的苦练，还常常给全校教师逐个画像，用这样的办法，不断提高自己的人物肖像画水平。

第四章　拣尽寒枝不肯栖——创新教法 | 89

恽宗瀛作品：钢笔速写 — 为了大家（速写）

课堂教学，在没有多媒体教学之前，大家的形象教学是离不开挂图的，德高望重的恽宗瀛老师，却在教学之余，亲自动手绘制配合各科教学的挂图，他绘制的青海省教学挂图，不仅深受师生的欢迎，也被推广到其他学校，广大教师们爱不释手。

恽宗瀛作品：钢笔速写（速写）

　　他利用业余时间创作了大量的美术作品，其中1956年创作的油画《郊游》荣获江苏省青年美术作品一等奖，又被选送参加了全国美术作品展；1959年创作的油画《保卫拉古哨》为首都军事博物馆所收藏；同年创作的《新街口之晨》为省美术馆所收藏；1972年，为雨花台烈士

第四章 拣尽寒枝不肯栖——创新教法 | 91

恽宗瀛作品：炭条速写（速写）

恽宗瀛作品：钢笔水彩（速写）

史料陈列馆创作了油画《罗登贤法庭斗争》；1980年，他的十六幅作品参加了全国首届粉画展；在1982年的南京市园丁书画展上，他的油画《春》获奖；1982、1983两年，他的画两次获南京市优秀美术作品奖。

在南京市民盟组织的祝贺会上，他激动地回顾了自己的生活经历，衷心地感谢党和人民授予他特级教师的荣誉称号，并用四句简洁的话结束了

恽宗瀛作品：钢笔水彩—彼得堡罗瓦河畔（速写）

他的发言："为人诚实，工作踏实，积以时日，必有果实。"这既是经验之谈，也是他人格的写照。他的为人和他在美术教学、美术创作上所取得的丰硕成果，受到了教育界的普遍尊敬，因而享有很高的声望。

恽宗瀛作品：钢笔水彩 — 莫斯科红场前（速写）

第五章
蒙师荐拔恩非浅——甘做弟子

诺贝尔奖获得者中有师徒关系的比例高达40%以上，突出地反映了"名师出高徒"这一科学人才培养的重要规律。

恽宗瀛常说，这辈子有一个恩人，"没有他就没有我的今天"，他就是受到众多人仰慕的画家徐悲鸿。

第五章 蒙师荐拔恩非浅——甘做弟子 | 95

恽宗瀛作品：钢笔水彩 — 莫斯科克里姆林宫前（速写）

1937年以后，恽宗瀛一家人随着逃难大军离开秀丽的江南水乡，到了四川。在四川，恽宗瀛高中毕业后顺利考入重庆沙坪坝中央大学艺术系。在这里恽宗瀛不仅得到了傅抱石、陈之佛、黄显之等画坛名家的指

恽宗瀛作品：钢笔水彩 — 延安枣园毛泽东故居（速写）

点，并且与恩师——徐悲鸿相遇相知，结下了一生的福缘。

恽宗瀛出版了自己的画集，《恽宗瀛画集》的首页就是徐悲鸿1947年仲春赠给恽宗瀛的书法条幅。在作品中徐悲鸿亲切地称呼恽宗瀛为宗瀛仁弟。徐悲鸿早已经把这个心爱的弟子，当作自己的兄弟。

第五章　蒙师荐拔恩非浅——甘做弟子 | 97

恽宗瀛作品：钢笔水彩 — 黄河壶口居（速写）

徐悲鸿是江苏宜兴人，少时刻苦学画，后留学法国。曾携中国近代绘画作品赴法、德、比、意及苏联展览。抗日战争期间，屡以画作在国外展售，得款救济祖国难民。在绘画创作上，徐悲鸿提倡尽精微，致广大，对中国画，主张古法之佳者守之，垂绝者继之，不佳者改之，西方绘画可采入者融之。徐悲鸿擅长油画、中国画，尤精素描、人物造型，注重写实，传达神情。曾创作《九方皋》《愚公移山》等寓有进步思想的历史题材画作。徐悲鸿融合中西技法，自成面貌，所画花鸟、风景、走兽，简练明快，富有生气，尤以画马驰誉中外。

徐悲鸿对书法、国画的改革，都有自己的看法和主张。他的一些论见，如"文人画在产生时很有创造性"，"尽精微，致广大"等，都很独到，他提倡个性与独创。

徐悲鸿二十二岁就被聘为北京大学画法研究会的导师，得到北洋政府的教育总长、大学者傅增湘（沅叔）先生的帮助，派他到法国去留学。可是出国不久，因为内战，他的经济来源就断绝了。他经常干面包就白开水度日，并且不间断地从事每天十小时以上的劳作。他用功练习素描，临摹古代的名画，并努力于国画和油画的创作，还给书店画书籍插图及写一些散稿来维持生活。由于徐悲鸿经历过艰苦的岁月，所以在他后来的一生中，凡是遇到年轻有为、肯用功吃苦的人，或穷苦无告的人，他总是给予莫大的同情，并且尽一切可能去帮助和鼓励。

直到今天，恽宗瀛回忆起来，仍是泪光闪闪："有一事对我的人生道路起了重要作用。当时我由于生病而辍学，甚至产生了悲观消极的想法。徐悲鸿先生指示工作人员多次给我汇钱，用于治病和继续上学。他亲笔写信说，'病症静养可愈，须具信心，多食葱蒜并节思虑，自易恢复。愈后仍需来院学习，以竟前功，所谓玉不琢不成器，鼓励勇气以奏肤功，望弟自爱。'"

"徐悲鸿先生教我们素描，他待学生就像对待自己的孩子一样，慈善至极，但对待艺术却又非常严格，曾觉得一名已经考上艺术系的学生不适合学画，劝他转系。我们初入学时，他最爱说的一句话就是'拳不离手，曲不离口。要想画好画，先下工夫学两年素描'。"回忆恩师的教诲，恽宗瀛言语中充满无限敬意，"他改正我们画中的错误，总是一笔到位、一针见血，大家都很佩服。凡是受他指导的学生，基础都非常扎实。他从不板着面孔教训学生，而总是循循善诱，以实际行动为人师表。但是在关键时刻和重要问题上，也常听到他使用加重语气的耳提面命，语重而心长，使我们得到诸多的滋养。"

有时候，徐悲鸿带恽宗瀛出外写生，或者当面作画示范，耳提面命、现身说法，使恽宗瀛得以耳濡目染、心领神会。有一次，恽宗瀛观摩徐悲鸿画水牛，只见桌案上平铺四尺宣纸，砚墨水色齐备，徐悲鸿手不停挥，笔参造化，一头耕牛倏忽成型，跃然纸上，不料即将完稿之际，一滴墨水不慎洒于画面的空白处，恽宗瀛顿时一惊，心中暗自惋惜，徐悲鸿却镇定自若，稍作凝神沉吟，就从容操笔将牛之尾尖甩向墨点误落之处，并题款曰："悲鸿写泥牛"。原为瑕疵的墨点随即成了牛尾甩出的泥水，天衣无缝，妙趣横生。

在坚持现实主义造型艺术的徐悲鸿先生的严格要求和训练下，恽宗瀛刻苦用功，成绩优秀，颇得徐悲鸿嘉许。后来恽宗瀛获徐悲鸿准许与俩同学共同居住先生画室。徐悲鸿授课之余，即来画室作画。恽宗瀛便在徐悲鸿作大画时帮着做些画稿概构和底部敷色的助手工作。徐收到稿费后，则常分一些给那时家庭经济已经比较困难的恽宗瀛以补贴生活。恽宗瀛入住画室5年，得以亲眼观摩徐悲鸿创作。从作画程序到如何着色，恽宗瀛都聆听大师悉心教诲，对学习裨益极大。画室隔壁是藏书室，徐氏藏书极富；每年夏天暑假之前，恽宗瀛都为先生晒藏书一次，得以饱览群书。此外，同学们羡慕不已的是先生书画室中还挂有不少

恽宗瀛作品：钢笔水彩 — 黄帝陵祭奠广场（速写）

油画、粉画原作，可供恽宗瀛等人上课之余细细品赏。恽宗瀛在艺术系求学条件得天独厚，加以自己勤学不怠，颇得徐悲鸿真传。

恽宗瀛不仅传承了徐悲鸿的精湛技艺，也继承了大师不慕名利的个性。正是这种淡泊名利、对社会权威的不屑，使得恽宗瀛先生的人生充满了中国知识分子的自嘲，晚年之时更似老顽童般谦和、幽默。

第五章　蒙师荐拔恩非浅——甘做弟子 | 101

恽宗瀛作品：钢笔水彩 — 阿卡沙堡–西班牙（速写）

"老师并没有用过多的言语告诉我如何做人，但我从他的言行中学到了许多。"恽宗瀛如是说，"徐悲鸿先生一生求真务实的人格如他的画格般闪耀。"

恽宗瀛怎么也不会忘记，那次徐悲鸿带着他和其他学生一起去四川

恽宗瀛作品：钢笔水彩 — 大海哺育万物 是人类的母亲（速写）

青城山写生。山顶上雾霭蒙蒙，恽宗瀛跟其他人坐在一块大石头上，画着山头对面的红砖瓦房和绿树果园。一会儿工夫，自觉画得不错的他把作品拿给徐悲鸿看，没想遭到了徐悲鸿的否定。"山对面瓦房的一块块砖瓦的轮廓都清晰可见？你觉得这样真实吗？"说罢，徐悲鸿先生让他

第五章 蒙师荐拔恩非浅——甘做弟子 | 103

恽宗瀛作品：钢笔水彩 — 珠海渔女（速写）

重新将那片瓦房画成虚态，并告诫他，"真就是真，虚就是虚，不必刻意隐瞒或表现，作画是这样，做人也是这样。"

从那以后，这句话成了恽宗瀛的行事准则，恽宗瀛说就是这句话让他受益一生。

第六章
东风夜放花千树——情牵桃李

  德国哲学家雅斯贝尔斯说，教育意味着一棵树撼动另一棵树，一朵云推动另一朵云，一颗心灵唤醒另一颗心灵。教师渊博的学识高尚的品格所给予学生的耳濡目染，才是一辈子的教育。

  "如果孩子是棵树，我就是太阳，缕缕阳光伴随孩子的成长；如果孩子是小草，那我就是春风，暖暖细风使孩子的生命得以绽放。"恽宗瀛先生认为，教育学生就是要服务好学生。教师首先要有一颗服务学生的心，教师不能高高在上，而应该是学生心灵的知音，知识的向导。在教育教学思想上，恽宗瀛先生主张抛开传统教学模式，强调教师的言传身教，不仅要传授本领，更要给予激励和鼓舞。

第六章　东风夜放花千树——情牵桃李 | 105

恽宗瀛作品：钢笔水彩 — 珠海白莲洞公园（速写）

恽宗瀛先生是当代杰出的美术大师和优秀的美术特级教师，创作了很多中国画、水粉画和素描作品。自恽宗瀛1947年从南京中央大学艺术系毕业后，1952年到金陵中学当美术教师，就再也没离开过，一直在这里从事美术教育与实践研究，直到退休。作为徐悲鸿先生的关门弟子，恽宗瀛先生的艺术风格与老师一脉相承，融多种绘画于一炉，深远博

恽宗瀛作品：钢笔水彩 — 广州黄花岗七十二烈士墓（速写）

大，而他的美术教学系统、科学、独具特色。这一切与恽宗瀛的个人经历及他的勤奋多思密不可分。具有广博的知识底蕴，是恽宗瀛成为一位优秀美术教育者的基础。

绘事及教育之余，恽宗瀛先生酷爱戏剧、音乐，喜爱科学，尤擅收

第六章 东风夜放花千树——情牵桃李 | 107

恽宗瀛作品：自画像（色粉）

藏与鉴别古画。这些浓厚而广博的兴趣，为他成为优秀的美术教育者奠定了良好的基础。这是一种严谨而科学的态度。一个人后天对诸多艺术门类兼容并包的博大精神，与其早年的各种看似细微的爱好，实是密不可分的。特定的历史环境、个人的成长经历及他个人先天的才能与后天

恽宗瀛作品：自画像（色粉）

的选择，种种历史原因和个人原因，把他推向美术教育的峰顶。他的很多成功的经验及优秀的个人才华与魅力，直到今天依然感染影响着他的学生。恽宗瀛以一名优秀美术教育导师的前瞻性目光，预见到了那些执着于艺术的学生的前途与未来。

第六章　东风夜放花千树——情牵桃李 | 109

恽宗瀛作品：自画像（水彩）

华裔作家、画家高行健在谈及自己中学时代接受的教育时，总不忘提及恽宗瀛老师："我从小就画画，曾经想去考美院。我的画画老师当时是全国美协最早的会员，在全国油画展上还拿过油画创作奖。我们画画老师在学校里还有自己的画室。我画油画是在初中开始的，开始我连

恽宗瀛作品：自画像（速写）

油画怎么画都不知道。他在画的时候，我也不告诉他，就在边上看，看他怎么调颜色，然后就自己到图书馆去找怎样画油画的书。我一直偷偷地画油画，他始终不知道。到了高中以后就没有绘画课了。毕业的时候，老师要带着升学建议与家长见面。有一天，他到我们家来，一进屋子，看到满屋子挂着我画的油画，他就发了个感慨，说很有印象派的味

第六章　东风夜放花千树——情牵桃李 | 111

恽宗瀛作品：自画像（水墨）

道。我当时受宠若惊，因为我没有受过什么学院派的训练，但我画的颜色非常鲜明，大胆地把颜色往上抹。我当时也没看过什么印象派的画作。我的这个美术老师有很多同学在中央美院当老师，他们原来都是从中大出去的。'我推荐你考中央美院一定没问题。'他说。"

恽宗瀛作品：自画像（水墨）

善于识别与发现人才，是一位优秀美术教育者必须具备的重要素质，恽宗瀛先生善于发现人才、培养人才被传为画界美谈。在恽宗瀛的影响下，走上专业道路的学生至今已逾百人，其中不乏丁兆成、陈世光、朱葵等著名画家。

第六章 东风夜放花千树——情牵桃李 113

恽宗瀛作品：自画像（水墨）

在南京市美术教育界，宁海中学无人不知无人不晓的陆长根老师，就是恽宗瀛先生的学生。陆长根老师从小酷爱美术，中学时代受到特级教师恽宗瀛的悉心指导，在宁海中学担任美术教师后，得到了著名美术专家、教授鲁是、奚传绩、姚毅刚、徐明华等的热情培养和指导，他的学术论文多次获奖或在全国美术教育杂志发表，一批力作如水粉画《乡情》、水彩画《乡间小景》等作品参加了全国美展，油画《红柳》在日本大阪池田国际艺术画廊展出并被收藏，并被作为展览广告明信片的封面。作为当今美术界的知名人士，一大堆耀眼的光环在他头顶闪烁，但他有着老师恽宗瀛执着于教育的家风。在宁海中学高中美术班里，为了辅导学生，陆长根谢绝了社会的聘请，为了专业，放弃出国机会及外商的高薪聘请，全身心投入到学生的辅导和专业上，整天不是上课辅导，就是写生创作。他自费到新疆、甘肃、湖南、云南等地采风、写生，为他的美术创作和辅导学生积累了丰富的素材。陆长根老师对美术教育的执著追求，不仅表现在对事业的无限热爱，而且还体现在对学生诚挚的爱。他以培养学生成才为天职，把全身心的爱倾注在学生身上，把个人对美的追求转为培养学生高尚的情操和专业技能上。他重视教学方法的研究，以感受练习对象的特定情感，以提高审美素养为基础，有针对性地进行技能技巧的训练，使学生在训练中充分体会审美的情感，加深对形体、色彩、线条、明暗的认识，调动学生学习美的主动性和创造性，而且在学习专业知识的过程中，注重培养学生的学习习惯、创新思维和综合素质，在基础教学中真正体现了美术的教育功能。十年来，陆长根为高等院校输送了一大批优秀人才，受到了清华美院、中国美院的高度评价。

陆长根老师以其执著的追求和默默奉献的精神，深深地影响着宁海中学的师生，也在南京市美术教育界起到了示范作用。正如市美术教育领导、专家评价的那样："他在艺术教育的园地中勤恳、踏实、为人师表，在市美术界已成为佳话，是广大美术教师学习的典范。"

面对自己取得的荣誉和外界的高度评价，陆长根总是说："我只是老师恽宗瀛的影子，我对教育的热爱，我的美术成就，都是恽老辛勤教

恽宗瀛作品：自画像（水墨）

诲的结果，没有恽老师，哪有我陆长根的今天！"

但更让恽宗瀛不能忘记，深深牵念的不是他的这些高徒，而是一位农村穷学生。当恽老师回首往事时，当年的情景如在眼前："当时我已退休，那孩子挑着两担行李上门来找我，说很想学画画，但没有钱。

做最优秀的人民教师——徐悲鸿"关门弟子"恽宗瀛从教启示录

恽宗瀛作品：自画像（水墨）

我看出他真的热爱美术，就让他住在家里，义务教了一年多，最后他考上了淮阴美术专科学校，后来在扬中当美术老师。"作家冰心曾说过："情在左，爱在右。走在生命的两旁，随时播种，随时开花。"教育是心与心的交融，情与情的共鸣，没有教育者的真诚投入，便没有学生的真诚回报。

这位扬中的美术老师，没有陆长根的耀眼光环，但他和师兄陆长根一样用满腔热血回报恩师的栽培之恩。节假日他从来没有忘记登门看望恽宗瀛老师，和老师一坐就是半天，一直把恽宗瀛当作自己的父母一样孝敬。每每和别人提及恽老师，他总是眼睛红红地说："我一辈子也忘不了，住在恽老师家的那一年多里，他对我如同自己的孩子一样地爱护，毫无保留地辅导我学画。"

"提到恽老师，就是我们的美术老师恽宗瀛，令人敬仰的特级教师，南京基础教育专家。就在我们还是初一上学期的时候，他给王清华等几个同学画了几幅油画肖像，尤其给我画了一张大幅的。每一幅都堪称杰作，一直挂在学校图书馆里。不论谁看了都赞叹不已。"南京师范大学附属中学美术教师马肇立在《恽老师，我永远的美术老师》一文中写道：

我从小是一个门门功课100分的好孩子，连美术都非常优秀。我父亲就是美术老师，是刘海粟的学生，他给了我遗传和影响，但并不教我画画。真正教我画画的是恽老师。1961年我考上了金陵中学，不仅初中三年在课堂上受教于恽老师，还在课外活动小组，学校美术宣传活动中得益于恽老师的培养。至今我还保存着那时候的美术作业本，恽老师用红铅笔批写的"甲"字历历在目。课外活动时，他与我们一同写生校景，他的粉画《校园晨曦》，在我印象中永不褪色。冬天，法国梧桐的枝干间透着阳光，树的影子投在操场上、跑道上，投在东四楼的墙面上，斑驳的冷暖色交替着，和谐、自然、宁静，就像恽老师的人格，言语不多，从容沉稳，严肃而不严厉。

一个老师的人格魅力，往往会使他所教的这门课程，受到学生的欢迎。

特别让学生们感兴趣的是恽老师的人物写生课。恽老师说念到名字的同学就是模特儿,一时间,课堂里寂静无声。"刘金峻!袁大煌!请站到讲台上来!"正当其他人都松了一口气的时候,只见恽老师用粉笔在黑板上极简练地勾出了他们全身的轮廓,比例、动态,都极为准确传神,大家看得呆了,拿起作业本跃跃欲试,气氛特别活跃。这便引发了大家互相为同学画头像的热情。课堂45分钟太不过瘾,学生们便随身带着小本子,利用课间10分钟,拉同学为自己当模特儿。因为担心大家不耐烦,便画得特别快,不知不觉中提高了自己的写生能力,这个能力使大家终身受用。

1964年初三毕业,恽老师觉得我有美术天分应当得到更好的培养,告诉我,南京师范学院有五年制美术大专班,招初中毕业生,可以去考一考。然而我没有去考,而是考取了本校高中,分在高一(3)班,因为想高中毕业后去上清华、北大等名校,并不想在美术上深造。

由于我们成为了中国历史上独一无二的"老三届",全部投入了农村的广阔天地,许多人因此永远断绝了大学梦。而命运却使我与美术结下了不解之缘,十几年后,还是回到了恽老师当初叫我去考的南师美术学院。毕业之后,当上了美术老师。一想到这些,我就会感叹"要是当时听恽老师的话就好了,我就会提前十几年接受美术深造了"。

不过,我仍然称得上幸运,因为我又可以继续向恽老师学习了,在去江西、安徽等风景名胜采风时,恽老师总是与我们在一起,我特意与恽老师写生同一场景,看恽老师画水彩画,薄而透明、温馨、淡雅,令人神往,我努力领悟,尽量用到自己的画中。

那年去金寨,恽老师已是八十高龄,他精神矍铄,仍与我们一块写生,他画粉画风景,用淡紫、粉红、轻绿这些颜色,使画面神秘、轻

第六章　东风夜放花千树——情牵桃李

恽宗瀛作品：自画像（水墨）

柔，清新又明丽。有他在场，大家特别带劲。我还以恽老师为中心人物，创作了一幅彩墨画《采风》，这幅画，多次在各种展览会上展出，受到大家的喜爱，因为大家一眼就能认出画中的恽老师。

　　恽老师几十年来在自己的艺术创作中坚持写生，在教学中坚持写生教育，与我父亲教导我"必须写生"的思想相一致，对我一生的影响巨

恽宗瀛肖像之一

大与深远。

2007年6月,我首次举办了个人画展"正气歌——马肇立辟邪画展",我采取了现实主义与浪漫主义相结合的艺术形式来表现国宝石辟邪的外貌与精神内涵。我发现了辟邪造型的比例美,因而我准确地画出其黄金比,并做适度的夸张,充分彰显其正气凛然、豪迈昂扬的精神。

整个画展由六尺、八尺、2米见方的巨幅作品组成,还有20米的长

恽宗瀛肖像之二

卷。这些作品不仅反映了我在南师大美院上学时得到的严谨扎实的造型基本功训练,也充分展示了我从初中时就打下的牢固的写生基础,这怎么能不感谢恽老师对我的培养呢?

每年的教师节都是恽宗瀛老师最开心的时候,全国各地的学生,都会在这一天给老师最美的祝福。

恽老师一位名叫夏京生的学生在教师节,特地撰文感谢恩师:

今年教师节，我得知恩师恽宗瀛老师获得"南京基础教育专家"光荣称号，倍感兴奋与喜悦。在当年是金中的美术课激发了我对美术的兴趣，是恽老师的谆谆教诲，悉心指导，培养了我的绘画能力，引领我走上了美术工作之路，并把终生献给了美术事业。

说实话，小的时候我并不怎么喜欢画画，在小学画画也不怎么出色。细想起来，我真正喜欢画画还是在金陵中学上初中的时候，特别是初三上了恽老师的美术课以后，我被他独特的美术教育深深地吸引了，在不知不觉中渐渐喜欢上美术。恽老师教课非常认真，平易近人，对学生的作业点评多以赞扬为主，深入浅出让人心领神会。上静物写生课时，老师就挨个在每个同学的座位后对照写生的静物，给学生一一指点，时不时还替你改上几笔，让人受益匪浅。这样细致的辅导，往往一个同学也不遗漏，有时两节美术课连上，没有一刻空闲。老师的工作相当劳累，这我在以后的教学过程中深有体会。

夏京生至今还记得恽老师语重心长的教诲："你作业本上老是甲，但是不能自满，你是课代表，对自己的要求要更高一点。以后改作业，你的乙就好比别人的甲好吗？"那一刻夏京生心里有一种说不出的欣慰，同时暗暗下定决心，要用更高的标准来要求自己，把美术作业完成得更好。

最使夏京生难忘的是高中毕业后，由于身体等原因未能考取大学，但在恽老师的关心和推荐下被母校留用，聘为美术代课老师。

在代课期间，夏京生处处以恽老师为楷模，兢兢业业地工作，受到母校和学生的一致好评，又先后被市教育局调到南京市第二中学和新筹建的三十三中当美术老师。在教学的同时，夏京生又在南京师范学院美术系毕业班读旁听生，通过进修和旁听提高自己。1958年夏京生被聘到江

恽宗瀛肖像之三

苏省农业展览馆搞展览布置，1960年展览结束后，分配到南京云锦研究所设计室整理传统纹样，以后还参加了南京二轻局装潢设计室的筹建工作，参与了南京长江大桥桥栏杆花板设计和桥头堡塑像制作以及南京泥塑"收租院"的制作。1970年后，夏京生由市"五七"干校分配到南京太平天国历史博物馆，负责展览设计，直到1994年退休。现为全国博协会员及陈列艺委会理事等。

宗瀛老师桃李满天下，其中有一位特殊的学生就是他的儿子恽安中。自幼受到父亲熏陶的安中，酷爱丹青，40年来笔耕不辍。他并没有学习父亲在油画、粉画、水彩画上的超高绘画技巧，而是专攻花鸟国画。俗话说："写意难，写意花鸟画尤难"，在艺术表现上，花鸟画要求达到状物传神，托物寄怀，寓情于景的境界，它重视形式美，其境界乃是通过程式和形式之美得以呈现，安中一边学习父亲的绘画技巧，一边走自己的路让作品不期新而自新，对古典和现代，具象和抽象，东方和西方的艺术展示出超越国界的把握和再现，以真挚的情感，独特的形式，丰富的形象，高远的意境，打动肤色各异者追求美的心灵。恽安中作品《沸腾的生活》因其浓郁的生活气息和娴熟的笔墨技巧，被江苏省美术馆收藏。1988年—2010年，恽安中的作品多次赴韩国、日本、台湾、新加坡展出，2011年恽安中作为南京市唯一一名国画类民间艺术家参加了中国-意大利文化交流节。

恽宗瀛先生，在绘画道路及教学思想上均突破传统，勇于探索，大胆革新，创出了一条有自己特色的美术教学方法。在教育教学思想上，恽宗瀛主张抛开传统教学模式，强调教师的言传身教；在教学内容上，采用中西画交叉学习，对中国画专业，人物、山水、花鸟既分门类又不拘一项，培养学生一专多能。

21世纪的教育发展，进入了一个更加纷繁璀璨的多元化时期。面对"乱花渐欲迷人眼"的情景，需要更加清醒地去思考和认识当前的教育教学现状，不断继承与发扬恽宗瀛和他的老师徐悲鸿先生先进的教育思想，努力提高个人素质与修养，向做最优秀的人民教师的崇高目标迈进。

附录1　恽宗瀛先生简历

1921年出生于江苏常州人。

1943年毕业于四川长寿国立第十二中学。

1947年毕业于中央大学艺术系。

1948年任南京师范学院大石桥附小美术教师。

1952年调任南京金陵中学（第十中学）美术教师。

1956年加入中国民主同盟。

1956年创作的油画《郊游》获江苏省青年美术作品展览一等奖。

1959年为北京军事博物馆创作油画《保卫拉古哨》。

1960年当选为南京文联委员，加入南京市美术家协会。

1960年创作油画《丰收在望》。

1960年加入江苏省美术家协会。

1962年创作油画《卧轨斗争》。

1973年为南京雨花台革命烈士纪念馆创作油画《罗登贤法庭斗争》。

1979年协助刘汝醒先生筹备粉画联展。

1980年协助并参加全国粉画巡回展览。

1983年加入中国美术家协会。

1983年当选为政协南京市第七届委员会委员。

1984年被评为江苏省特级教师。

1985年被选为江苏省美术书法教学研究会理事长、现任顾问。

1986年被聘为南京师范大学徐悲鸿奖学金委员会委员。

1987年加入全国美术教育研究会。

1989年被聘为江苏省艺术教育委员会委员。

1995年当选为江苏省水彩画研究会名誉会长。

1995年被聘为南京市美术家协会顾问。

1995年被聘为南京美术进修学院顾问。

1997年被聘为南京徐悲鸿艺术中心顾问。

1998年被聘为徐悲鸿美术学校校长。

附录2 恽南田和常州画派

恽南田（1633-1690），名寿平，初名格，晚年号南田，是明末清初武进有名的大画家。他不仅开创了以没骨花卉见长的"常州画派"，影响大江南北，还精于楷书，自成一体，诗词更是位居毗陵之首。因此，他的诗书画被誉为"南田三绝"。

在常州南大门外有一条河，叫兴隆河，河上有一座单拱石桥，名上店桥（上垫桥），上店桥边连通一条小街，这就是人们常说的千年古镇上店小街。

在古代，上店街是常州城南一条通往宜兴、浙江等地的官道，青石板铺成的街道散发着浓郁的古朴气息，兴隆河自西向东像一条碧绿的玉带横飘而过，有着九大厅、六边厢、三牌楼的街道，店铺林立，飞檐翘立美轮美奂的高大建筑鳞次栉比，清朗的驿道和弯弯如月的小桥上，来往行人晨昏不绝，那一种繁华灿烂美丽了所有观光者的双眼。

恽南田的先祖于大宋年间，举家迁居上店，他们认定这里才是恽氏家族的旺宅之地，从此恽氏一族在这里安居乐业，耕田读书，人才一辈比一辈多，一辈比一辈出息。在明清两朝，恽氏多人高中进士或举人，在上店流传着"十三进士、十一举人"的美谈。

恽南田生于明崇祯六年（1633年），初名格，字寿平，别号有南田、南田客、瓯香散人、忧国仙人、天际真人、草衣园客、芙蓉小隐等共50多个。以南田之号最著，世称恽南田。

南田生而敏慧，从小受到传统的家庭教育，可是他出生在明末清

恽南田作品：芙蓉图

附录2　恽南田和常州画派

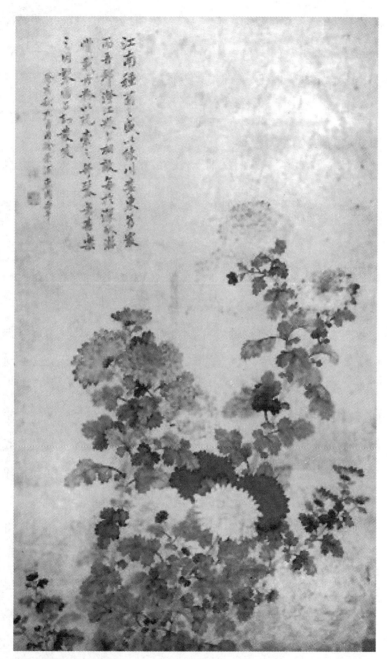

恽南田作品：菊花图

初改朝换代之际，国难当头，天下大乱，家破人亡，他的少年时代尝尽了人间辛酸。明崇祯十六年（1643年），南田父恽日初上书《守御十策》，未被采纳，恽日初知时事不可违，于是将家事嘱咐于长子恽桢，自己携书3000卷，带了二子恽桓、三子恽格（南田）隐居于浙东天台山中。

顺治三年（1644年）南田父子三人逃难到福州参加了朱元璋九世孙隆武政权的抗清活动，失败后恽日初为了逃避清兵追捕，削发为僧，15岁的南田随父亲东逃西窜，疲于奔命。

顺治四年，南田父子投靠同乡人抗清义军首领王祁继续抗清，此时，长子恽桢也从常州赶来参加了义军。一次战斗中恽桢阵亡，又一次战斗中，首领王祁寡不敌众，自焚而死，南田的二哥恽桓失踪，南田当了清兵的俘虏。外出求援幸免于难的恽日初带领义军残部转移至江西，恽日初眼见局面难以扭转，于是解散了义军残部，自己又披上了袈裟，云游四方，暗中寻访失散的两个儿子。

南田被俘后，生活苦不堪言，经常忍饥挨饿，夜不能寐。事有凑巧，俘获南田的闽浙总督陈锦身边无子，陈夫人见南田年纪轻轻，长得眉清目秀，便把南田收为养子。南田的处境由此大为好转，可是南田并不看重和追求这种生活上的享受。日思夜想回到故乡，与父亲团聚。

顺治九年，陈锦与明将郑成功交战，却被自己家丁刺杀而死，陈夫人带着养子南田扶柩归东北老家，经过杭州，在灵隐寺大做法事，以超度亡灵。就在此时此地，与身为和尚的父亲相遇了，却不敢相认，一是因为"母威"严厉，二是周围有许多清兵护卫。幸亏有巨德法师相助，巨德法师见陈夫人携子来佛祖前拈香参拜，边说："这小子是短寿命，必须当佛徒，才能保命。"夫人舍不得，想带回北方，以便承袭陈锦的

恽南田作品：牡丹图

遗荫。南田跪向夫人说："我不要富贵，愿当和尚，佛祖的话一点不错。"陈夫人不得不同意，南田阶前拜别，待陈夫人走后，南田父子才相聚，南田16岁入陈府，此时已经20岁了，重温这段惊心动魄、千辛万苦的经历，沉浸在如烟的往事中。

出身于书香门第的恽南田，很小就跟着父亲学习诗文，跟着叔叔学画，这个有着浓郁传统文化氛围的家族，从小就给予恽南田艺术的熏陶。不管是书法还是诗文和绘画，恽南田都受到了良好的启蒙教育。在

恽南田作品：春风图

山水画上，恽南田学习王蒙、倪瓒等元四家及明代沈周、文征明、唐寅等人的画法；花鸟画上兼学五代徐熙、北宋徐崇嗣的没骨花卉；书法上受褚遂良、米芾的影响，融会贯通，自成格数。

恽南田的没骨花卉独开生面，是划时代的创造。其最主要的原因，就在于他坚持对物写生的优良传统，巧施写意的手法，不用墨或者色勾框，全用色彩加入水分和脂粉调和后直接用笔挥写，来描绘所要表现的花卉，使之既真实又生动，达到形似与神似紧密结合的理想境界和效果。

《春风图》就是恽南田没骨花卉的代表作之一，现在收藏于台北故宫博物院。该作品画的是桃红柳绿的春日即景，画作全以色彩画成，枝干用朱色，花瓣则是以极淡的洋红配以胭脂，层次分明，将灼灼怒放的碧桃花描摹的异常明媚鲜妍；杨柳则是淡淡的具有透明水感的黄绿色，表现了早春新发芽叶的柔嫩飘逸。

他的没骨花卉以写生为主，周边的江南水乡的花花草草都被他融入到画中生动而鲜活。从牡丹、芍药，到萱草、罂粟花，这些世俗惯见的花卉居然不下一百种，令人惊讶。最独特的是，他的画作不选全株，只挑选最生动传神的一两枝来充分表现它的色、态、光、韵，使之尽善尽美。在色彩的运用上也采用了许多独创的技法，使用了较淡雅的浅色，一改前人浓艳的习气。

恽南田他是根据前人留下来的一种理论然后自己再去摸索、探索，基本上就是在前人的理论上自己去实践，然后把这个没骨花卉的艺术水平推向了一个高峰。没骨花卉开创了"常州画派"的先河。但其实，除了花卉，恽南田的山水画作同样别具特色。

恽南田的没骨花卉清丽雅逸，师心独见，而他的山水画也力遒韵雅，超迈绝伦。

恽南田的《山水图》以潇洒利落的笔墨，冷淡幽隽的气韵，画出了杂树高岭的特征。云蒸霞蔚中，山石层出，泉流幽壑，石径通处，村舍茅亭，悠然自在。杂树秀林之中，却隐隐约约见一小桥流水，山溪潺潺，令人不禁遐想，这画外之人，或渔樵互答，或高斟对酌，或品茗博弈，一定超然物外，怡然自得，让人深感这个地方是一个隐居佳处，世外桃源。整幅画作清丽秀逸，正是南田山水画的本色。

恽南田的山水画，既不因袭前人，又不照搬自然，画出了山水的精神面貌和画家的自我感受。那么为什么在山水画上取得成功的恽南田要放弃山水画主攻花卉呢？史上流传着这样一种说法，那便和恽南田的好

恽南田作品：山水图

朋友王石谷有关。

王翚（1632-1717），字石谷，是清代初期的一个山水画家。恽南田和王石谷因画结缘因画成友，所以他们之间交往非常多，关系非常密切。恽南田和王石谷二人早年相交时，笔墨风格相似，艺术见解接近。相传，恽南田不愿意做山水第二，才改画花卉。

从恽南田一生流传下来的大量画作来看，他的创作态度极其认真严肃、一丝不苟，他的绘画风格了对清代画坛有深远影响。

南田的书法极有功力。少年时从楷书入手，打下扎实的基础，之后致力于行楷，遍学多家而自成一体。他的行楷，凝重而又架势，精巧而多妩媚，雄浑而富变化，借用古时苏东坡的话说，就是"端庄杂流丽，刚健含婀娜"，给人一种温柔婉雅、丰神秀逸的美感，与画幅相映成趣，大为增色。

他吸收了东晋时期王献之的楷书和唐朝褚遂良的楷书，还有北宋黄庭坚的行书的特点，把它们糅合在一起，形成自己的一种风格就是秀静挺拔，流畅自然。

恽南田还是一个杰出的诗人，特别是他的题画诗，与绘画创作联系在一起，抒发襟怀，吐露心声，十分真挚。最为精彩的，就是他的短跋了，三言两语，隽永有味。

恽南田的诗成就很高，他的诗存世1000多首，主要收集在他的《瓯香馆集》中，里面有不少是画跋，题画诗。题画诗里面有些是写景的也有不少阐述了自己的绘画理论。

《荷花芦苇草图》是恽南田自题自画的佳作。这幅作品描绘了秋风萧瑟之中，一茎新荷凌空而出，盛放的花瓣娇艳动人，与凋残半枯的荷叶以及枯槁无色的莲蓬形成鲜明对比。荷花以南田特有的没骨画法绘

恽南田作品：荷花芦草图

附录2 恽南田和常州画派

恽南田作品：牵牛花

出,色调清丽冷艳,用笔洒脱飘逸,营造出一派空濛的韵味。画幅左上自题:"此帧数年前在东池上醉后涂抹,残荷离披芦草交横,略得荒汀寂寞之至,置乱纸残帙中。"(不知何时为书老所得,今秋偶出示,余恍然如房次律遇故物,于破瓮中也,因书老索题戏为拈笔。)意思是多年前醉后随意画的残荷,在无意间被发现,就好似忽然间遇到了故人一般,于是题此画跋。得画的过程也写得如此诗意,画面感极强。

恽南田在当时影响非常大,曾经有一句话叫做:"家家南田,户户正叔。"南田正叔都是他的名号。用现在的话讲就是风靡大江南北,在全国影响非常大。

常州画派是恽南田开创的一个花鸟画流派。清初画坛,"四王吴恽"独领风骚。"四王",即王时敏、王鉴、王石谷、王原祁,吴为吴历,恽即是恽南田。六位画家都以山水画驰名。恽南田对中国美术史作出最重要之贡献,是开创了"没骨"花鸟一派。

"没骨"写生花卉画法,作为中国花鸟传统画法之一,从北宋开始湮没了几百年。直到明末清初,恽南田以改革创新为宗旨,以继往开来为己任,"斟酌古今,以北宋徐崇嗣为宗,一洗时习,独开生面",创造性地发扬了"没骨"写生花卉的传统,给花鸟画坛注入了新的生机。恽南田生前,怎么也不会想到,他对没骨花卉画法的研究和实践,会给中国画坛留下一笔丰富的遗产。

"没骨"画法赢得了众多的追随者,当时恽南田的入室弟子有:马元叙、范廷镇、张伟、董瑜等。恽南田去世后,学习他的人更多,尤其是他的子孙,纷纷学习他的画法,主要有:恽景、怀英、怀娥、恽青、恽琪、恽珠、恽冰等,其中以玄孙女恽冰最得恽南田写生花卉的精髓。恽氏后人之外,还有钱维城、毕涵、汤贻汾、汤世澍、黄山寿以及当代画家房虎卿、刘海粟、马万里等，也深得恽家"没骨"之学养。

成书于雍正年间的《清朝画征录》这样记载："及武进恽寿平出，凡写生家具却步矣。近世无论江南江北，莫不家南田而户正叔（恽南田，字正叔），遂有常州派之称"。自此，"常州画派"（又称"恽派"、"毗陵派"）驰誉画坛。

常州画派还有一大批女画家，这在古代非常难得。恽南田没骨花卉画表现出来的柔美温和形态，正符合女性所具有的性格本质，所以有众多的女性追随者。恽南田在世时，即有女子学其画，此后因为乾隆帝对恽冰作品的夸奖，使得闺秀女子学习没骨花卉成为了时尚。在恽氏宗族画家中，很有成就的女画家，如恽冰、恽兰溪、恽怀娥、恽珠等不下十余位。通过常州画派研究，就会发现，在清代画坛上女性占有一定的位置。这些女画家挣脱"无才便是德"的自身束缚，不断有作品问世，有些女画家甚至借以为生。她们以自身不凡的天赋和刻苦努力，脱颖而出，留下了许多生辉之作。许多女子自小就受到诗书画的教育，而这些女画家出嫁后，继续从事书画创作，又在当地产生影响，把恽南田画风带向了全国四面八方。

在这些女画家中，最有名的当数恽冰。恽冰生卒年不详，主要生活在雍正、乾隆年间。她的画，由两江总督尹继善以进呈孝圣太后祝寿，乾隆皇帝大加赞扬并题诗于画，之后更是盛誉一时，推动了常州画派工笔花卉的发展，以至闺中女子习画成了时尚。恽冰的花卉作品，都是没骨工笔，有着"笔致秀韵，绚色傅粉，为写生家独擅"的特点。从她的传世作品来看，她既多小卷、册页，也多大件中堂。她的画，以师法恽南田的没骨工笔为主，也有师法马元驭的桃花八哥的画法和师法唐于光的荷花画法的作品，在形式风格上没有多大创新，但她善于用粉，

恽南田作品：秋海棠

恽冰作品：蒲塘秋艳图

成为她的"独擅"。北京故宫博物院收藏了她的《蒲塘秋艳图》，用色、用粉十分绚丽。值得一说的是，常州博物馆还藏有她的《簪花图》，画的是一仕女对镜簪花，用笔工细，而仕女形象生动，或许是恽冰的自画像。

此外，在常州庄氏家族中，出现了庄曜孚、庄闲、庄缦仪等女画家；在毕氏家族中，出现了才情超逸的女画家毕昇；而汤氏家族中，出现了董婉贞、汤嘉名、汤紫春等女画家。而清末的左氏姐妹画家左婉洵、左锡璇、左锡嘉更是名噪一时。家族画家群体中，女画家创作的勤奋、艺术的成就，成为常州画派的一大特色。在《国朝画征录》和《毗陵画征录》上记载的常州女画家即有二十余名之多。

在常州画派中，更有一大批才华横溢的女画家分布于全国各地，影响着当地画坛。如常熟马荃、歙县方婉仪（罗聘妻）、句容骆绮兰、袁枚的女弟子廖云锦、杭州钱林、松江张女严、江都卢元素等。当我们欣赏这些女画家的作品时，就如沐浴在璀璨的霞光里，晕眩于其中的五彩斑斓、震慑于其中的明净幽远、神迷于其中的清韵天籁，更加沉醉于其中的芬芳流馨。因此，常州画派女画家的地位是画史上重要的组成部分。

从常州画派女画家的传世作品来看，她们虽然多数以工笔花卉为主，但一些画家同时擅长写意花卉和山水、仕女画的创作。她们的作品赋花思乡、因柳怀人，或感时伤春、见花生情、闻笛而无眠，无不展现了多姿多彩的女性精神世界。许多女画家又是诗人、书法家，她们见景生思、因情兴感，或闲适家居、或飘零无涯，百种滋味，尽入画面和题诗之中。

进入20世纪，常州画坛的女画家们，更是继承了常州画派的优良传统，出现了蜚声于海上的陆小曼、谢月眉、吴青霞等著名女画家，也出现了名重乡梓的沈云霞、谢舜英等女画家，她们或清雅细致，或明快古雅，或淋漓超逸，有着极丰实的艺术内涵，汲古开今，为常州画派的承继与发展起到了重要作用。

恽南田给后世留下了大批花鸟画作品，徜徉在这些"没骨"花卉之中，人们感知的是一个超凡脱俗、才华绝世的画家。在他的一丛丛菊花、芍药、兰花、石榴、牡丹的枝叶间，我们发现了另一位画家若隐若现的身影，他就是荷兰画家凡高，我们为这个奇异的联想而惊诧，继而又不得不感叹艺术家的自由灵魂都是相通的，无论古今，莫分中外。

凡高的作品中有相当部分是花卉，著名的有向日葵和鸢尾花。恽南田的作品中花卉也占了一半，主要是菊花、牡丹、兰花等。凡高还画了不少人物和风景，而恽南田的山水让他赢得了"清初六大家"之誉。

他们两人的花卉都有强烈的精神气质和情绪流露。

在凡高的画中，"满开的黄色向日葵是他爱情的信物，浓密深绿的橄榄丛是他的伤痛，遥遥的丝柏是他伟大的遗嘱。他是这花原的君王，他掩饰不住泼洒涂抹下了他的高贵品质"。恽南田对他眼中的花卉也倾注了浓烈的情感，"虞美人，此卉之极丽者，其花有光、有态、有韵，绰约便娟，因风拂舞，乍低乍气，若语若笑"。他画的花卉，"须极生动之致，向背、欹正、烘日、迎风、挹露，各尽其态，但觉清芬拂拂，从纸间写出乃佳耳"。他们两人笔下的花卉都是人格化的事物，是画家本人的写照，凡高笔下的花卉仿佛在狂奔、在咆哮，表达出浓烈的情绪，恽南田笔下的花枝，既有含情脉脉，绚丽至极的，也不乏凡高似的狷狂、奔涌、撕裂状态。他自己也说过："洗涤砚尘，抽毫解衣，运思游娱，成十二帧，聊写我胸中萧蓼不平之气，览者当于象外赏

恽南田作品：五色芍药图

附录2 恽南田和常州画派 | 145

恽南田作品：玉堂富贵图

之。"两位画家生活在不同的文化背景和时代背景之中，中国封建时代的画家，作品大多是压抑、内敛和静止的，恽南田的可贵之处，不仅在于突破了"双勾填彩"的画法，更在精神上突破了千百年来"勾"和"填"的束缚，他的落墨直写，与其说是画法的创新，不如说是精神表达的追求。他在突破勾线边框的同时，也打破了精神的禁锢。

两位画家都是用色的高手，凡高最喜欢透明的蓝与喷薄而出的黄的对比。恽南田常用的是深浓的红与惨白的对比。凡高的《向日葵》，"类似砍断了头鲜血纵横"，"强烈刺激官能的爆炸般的鲜黄、浓黄、金黄"。《夜间咖啡馆》中蓝色天幕上星星犹如银色花朵，咖啡馆整个就是要流出来的鲜黄色。《星夜》中"火焰在这里不仅是笔触和用色，所有色彩在这里绝对自由了"，"黑油彩急速涂抹的丝柏剧烈地窜冒着黑火焰，压垮一切地宣布着他的伟大遗言，在这浓重的火焰流淌着的色彩奔腾中，科学的宇宙失败了，神秘的世界开始统治，鲜黄和橙红的火球在滚滚疾行的蓝云中闪烁"。恽南田的用色虽然没有凡高的张狂，但在当时的画家当中，用色也是极为丰富多变的，他画过整幅赭红色的山峦，画过大片明黄色的山体，背后用翠绿的远山加以点缀，当然，也有近乎墨色的黛绿叶子配以一大朵纯白的芍药花，或者墨绿色的叶子间开放两朵墨紫色的蝴蝶花。恽南田也常用黄色，但没有凡高那么"疯狂"的张力。凡高的内心是热烈燃烧的火炬，而恽南田的心，玉树临风、圣洁高远而又无可奈何花落去。恽南田的花和他的心一样高洁，他对画画的环境非常严格，他画那些高洁的花必须要"沐浴净身"，若有俗人在座，就会玷污了他的心、他的画和他的花。他说过："随笔点花叶，须令意致极幽，明窗净几，风日和润，不对俗客，庭有时花秀草，毫墨绢素，悦人意兴，到含丹吮粉，分条布叶之间，必有潇洒可观者。"而凡高也用过像恽南田一样清洁的颜色，1887年的《树林与草丛》中，出现的也是那种纯正而美丽的绿。

凡高和恽南田所处的时代相差两百年，恽南田生于1633年，比凡高早217年出生，而他们的生活经历却有许多相似之处。他们都是一生贫寒，凡高出生于贫民家庭，过着极其贫寒的生活；恽南田早年颠沛流离，随父投身抗清斗争。在他们的生命里都有一位对他们的绘画成就起过决定作用的亲友，凡高的弟弟提奥是他经济和精神上的支柱，一直陪伴他到生命的最后一刻。而恽南田的朋友唐匹士则与他一起精研画艺，一同创立了"没骨"画派。在生命的晚期，他们都陷入更加深重的痛苦之中，凡高在自杀前三年被送入圣雷米精神病院，他甚至割下自己的耳朵，但是，这个时期他创作了一批不朽之作。恽南田在晚年为生活所迫寄居外地，他的两个幼子先后早夭，中年丧子，加上体弱多病，长期忍受极度的精神痛苦，长年抱病作画，在贫病中完成了大批传世之作。他们都以卖画为生，而且都是盛名晚成，恽南田去世于1690年，而"常州画派"之称，最早见之于《清朝画征录》，这部书成书于雍正十三年，即1735年。作为常州画派的创始人，没骨花卉的集大成者，其作品存世较少，一直为藏家所看重。

恽南田出名以后请他绘画的人很多。一些达官贵人都争相与他交往。但南田为人清高视名利如草芥决不肯趋炎附势。遇到谈得来的，不论贫贱求他作画即刻挥毫，若遇见一些想用金钱来买画的势利小人即使给他一百两银子也不肯为他们画一花一叶。

相传娄东有个姓王名太常的官，慕南田之名，屡次派人表示要与他结识，南田一直置之不理。后来南田了解太常为人还不错，而且已患病躺在床上，他就主动登门拜访。太常听说南田到来，高兴得不得了，挣

恽南田作品：竹石扇面

扎着想从病床上爬起来。南田赶忙走过去搀扶。太常握了握南田的手就闭上眼睛溘然而逝。南田每次出游归家时身上总带着不少银两，这是他作画得来的报酬。他为人慷慨喜欢周济别人，当看到左邻右舍、亲朋故友、家中仆人有困难时就随手把银子散给他们。不要多久就用尽了，他自己反而经常过着清贫的生活。但他从不因此露出忧愁的样子，有时就吟咏诗文来借以忘忧。恽南田在五十八岁时在贫病交迫的景况下死在家中,他的儿子连棺材也置不起一口。南田生前好友王谷石等出钱代为料理了后事。

恽南田生前十分爱菊,其花卉画中尤以菊花最多,有"恽菊花"的雅号。他爱菊、画菊的情怀也深深影响了乡人,种菊逐渐成为马杭世代沿袭的雅举。

而今,马杭已是享誉海内外的"菊花之乡"。没有南田翁,菊花不会在马杭人心里烙得这么深,不会有这么多人种菊花,更不会发展得这么壮大。马杭每年举办的盛大菊展既为传承菊花文化,也为纪念这位马杭菊"始祖",表达了人们心中的孺慕之情。

在今天,武进上店村仍保存着恽南田的坟墓和墓碑供后人凭吊。马杭古街上一处歇山勾连搭式明清风格建筑,就是南田先生的纪念馆。纪念馆建于1983年,馆内一厅两室,大厅正中设南田先生半身石膏塑像,有八节展柜展出南田先生作品影印件、有关南田先生的图书和部分资料的复印件;两个展室可用于小型书画展览。馆内花坛种植多种花木,清静幽雅,南檐正中堂檐下,有刘海粟撰书的"恽南田纪念馆"横匾一块。馆内陈列有恽南田的书画作品和书迹碑刻等200余件,并收藏有刘海粟、陈大羽、吴青霞等名家作品200余件。